AF475682

DU PROJET DE LOI

SUR

LA JURIDICTION

A LAQUELLE SONT SOUMIS

DANS LES COLONIES FRANÇAISES

LES CRIMES COMMIS ENVERS LES ESCLAVES.

Par M. De Jabrun,

DÉLÉGUÉ DE LA GUADELOUPE.

PARIS,

IMPRIMERIE DE GUIRAUDET ET JOUAUST,

315, RUE SAINT-HONORÉ.

1847

DU PROJET DE LOI

SUR

LA JURIDICTION

A LAQUELLE SONT SOUMIS

DANS LES COLONIES FRANÇAISES

LES CRIMES COMMIS ENVERS LES ESCLAVES.

A MESSIEURS LES PAIRS ET A MESSIEURS LES DÉPUTÉS.

Entreprendre dans ce moment la défense de nos colonies est une tâche bien difficile, et certes bien au dessus de mes forces. Cependant une population française outragée, blessée dans ce que l'homme a de plus cher, nous a envoyé de 1,800 lieues pour veiller à la défense de son honneur et de ses intérêts : pouvons-nous lui faire défaut au moment où, trahie par ceux-là même qui devaient la défendre, elle se trouve abandonnée et livrée sans défense aux attaques de ses ennemis ? Que du moins la vérité se fasse entendre, sa faible voix sera sans doute méconnue. Advienne que pourra !

C'est une singulière et bien triste situation que celle qu'on a faite aux colonies. Ce n'est pas elles qui ont fait les lois et les institutions qui les régissent ; c'est la métropole qui les leur a imposées, et souvent elles en gémissent ;

elles seules cependant en sont responsables au yeux de tous, et elles se trouvent placées en état permanent de suspicion et d'accusation. Ont-elles du moins les garanties que la loi donne au dernier des accusés? ont-elles les secours de l'instruction, du débat oral et de la défense devant leurs juges? C'est en vain que nous les cherchons.

Les premiers représentants de la nation, les députés de six millions de citoyens, plus justes et plus généreux que le pays légal de 1833, avaient proclamé le droit des colons français à la représentation nationale et à la participation au gouvernement; ils les traitaient en frères. Les législateurs d'aujourd'hui ne leur ont pas même donné les garanties que la loi ne refuse pas aux accusés.

Rien n'est plus propre à démontrer cette vérité que les faits qui se produisent depuis quelque temps.

Le 24 et le 26 avril dernier, au sujet de pétitions faites en faveur de l'abolition de l'esclavage, des orateurs, en haine d'une institution que les colons n'ont pas faite, mais qu'ils subissent, accueillant, de bonne foi sans doute, mais en tout cas avec une déplorable légèreté, des bruits et des faits aussi hideux que mensongers, montent à la tribune de la Chambre des députés, et, après avoir ému et passionné l'assemblée par un tableau habilement présenté, lancent, non seulement contre quelques individus, mais contre la société coloniale tout entière, l'accusation la plus grave et la plus outrageante.

On ne craint pas d'avancer que ces faits arrivent tous les jours aux colonies, et, ce qui est encore plus odieux, que la justice coloniale, complice morale de ces forfaits, leur assure toujours l'impunité.

Peut-on imaginer rien de plus grave qu'une pareille accusation? et n'y aurait-il pas souveraine iniquité à l'admettre sans preuves?

L'assemblée, après avoir accueilli l'attaque avec la sympathie et l'indignation que doivent inspirer de telles horreurs, comprendra sans doute qu'il est de toute justice d'écouter la défense avec impartialité ou du moins avec calme? Non!

Sa moralité, à cette époque si pure, s'effarouche à la pensée que cette défense est présentée par un de ses membres qui se souille d'un traitement voté par un conseil colonial, conformément à la loi qu'elle a faite elle-même.

Mais près de la moitié des membres de cette assemblée sont entachés de la même souillure. Bien plus ils défendent et votent eux-mêmes leur traitement, et cependant ils viennent tous les jours, sans défaveur, défendre leurs intérêts ou ceux dont ils sont plus particulièrement les représentants! Combien de députés soit directeurs de compagnies, soit rémunérés à d'autres titres par des intérêts qu'on les voit débattre à la tribune! L'argent du budget colonial a-t-il seul le privilége de contaminer ceux qui le touchent?

Tout en repoussant les colons du sein des chambres, vous leur avez laissé un moyen indirect de faire entendre leur défense à la tribune. Usant de cette faculté laissée par la loi, ils confient leur défense à l'un de vous, honoré déjà dans la métropole de la confiance de ses concitoyens. C'est vous qui avez voulu que le mandat de délégué des colonies fût salarié : et l'acceptation de ce mandat devient à vos yeux un crime qui vicie les meilleures raisons, et rend la défense impossible! Il fallait donc écrire dans votre loi que le mandat de député était incompatible avec le mandat de délégué des colonies; dès lors la défense aurait été complétement étouffée, car quel autre moyen les colons ont-ils de se faire entendre à la tribune?

Ils auraient, dira-t-on, la voix de leur protecteur naturel, celle du ministre des colonies, du tuteur né des intérêts coloniaux, qui doit d'autant plus les défendre, que la loi, ne leur donnant pas d'autre défenseur, semble les mettre spécialement sous sa protection.

Pour apprécier la portée et la nature de cette garantie donnée aux colonies et ce qu'ils doivent en attendre, il suffit de se reporter aux séances des 24 et 26 avril.

La réponse à des attaques sans preuves, à des allégations qui s'appuyaient sur des faits calomnieux puisés à une source impure, était simple et facile. M. le ministre de la marine, au lieu de repousser ou d'atténuer ces faits, comme son devoir et la vérité lui en imposaient l'obligation, a trouvé le moyen, sans doute involontairement, de leur donner un corps, une consistance qu'ils n'avaient pas jusque là.

Un ministre peut être excusé : car, chargé de la haute direction de nombreuses et importantes affaires, les détails peuvent lui échapper. Mais là se trouvait présent celui à qui il n'est pas permis d'ignorer ces détails, à qui ses doubles fonctions de directeur et de député faisaient un devoir de donner des explications, d'éclairer la discussion, et de qui les colonies seraient en droit d'attendre quelque bienveillance. Ce député, ce haut fonctionnaire, a gardé le silence !

Ignorant les motifs de ce silence, je ne me permettrai pas de le juger; mais il me sera permis de conclure que les colonies, accusées devant le tribunal de la Chambre des députés, ont été condamnées sans avoir pu faire entendre leur défense. Je crois pouvoir ajouter que jusqu'à un changement de législation il en sera toujours ainsi. Nous ne tarderons pas à en avoir de nouvelles preuves.

On dirait que les colonies en avaient le triste pressentiment. Un journal de la métropole avait déjà préludé à l'attaque, et à la Guadeloupe on s'en était grandement ému. Qu'il me soit permis de retracer ici les lignes que ces calomnies inspiraient au journal *l'Avenir* de la Pointe-à-Pitre, le 16 avril, quelques jours avant les débats de la Chambre :

» A ce qu'il paraît, il y a dans les colonies, au plus profond des ténèbres de l'anonyme et de la lâcheté, des espions occupés incessamment à prendre des notes au milieu de nous, pour rédiger ensuite des dénonciations et des calomnies, destinées à certains journaux de France. Ces journaux intitulent cela *Correspondance parisienne*, et placardent ensuite dans leurs colonnes ces mensonges d'outre-mer, après les avoir épicés de points d'exclamation. Les colonies sont représentées dans ces affiches comme des coupe-gorges, où la morale, la justice, l'honneur, la vérité, sont outragés à la face du ciel chaque jour; où colons, magistrats, administrateurs, nous tous enfin qui vivons ici, embusqués dans nous ne savons quelles mœurs sauvages, nous faisons saigner l'humanité. Qu'un procès ait lieu, on fait collection d'incidents; tout accusé est nécessairement coupable, et si le prévenu est absous, le juge est condamné. Tout tressaillement de nos sociétés devient leur déshonneur. Nous n'avons pas d'autre histoire que les Annales des Cours d'assises, et la vie de chaque colon devrait se passer entre deux gendarmes. Voilà les nouvelles, voilà les correspondances particulières qui s'expédient clandestinement de nos pays; le packet porte notre honte en France, et nous rapporte l'indignation des journaux. Pauvres colonies, qui, pendant que ces libelles se rédigent dans leur sein, s'efforcent chaque jour de donner à la France des gages de modération, de sagesse, de résignation! qui promettent et donnent leur concours à tous les projets de réforme intérieure, qui traversent avec une tristesse courageuse des heures difficiles, et qui veulent à toute force mériter l'estime de la France par leur raison! La bonne volonté, l'intelligence, la probité de nos populations, ne comptent pas pour ces sicaires de la calomnie : un délit isolé est, à les entendre, une infamie générale, et lors même qu'il n'y a pas de coupable, tout le monde est complice. Les noms les plus estimés de nos pays se trouvent tout à coup imprimés avec insulte, et, mêlés à je ne sais quelles turpitudes inconnues, feraient, Dieu me pardonne! arrêter en France ceux qui les portent ici avec honneur!

» La France est raisonnable et juste, elle ne se rend pas complice de ces lâches passions, nous le savons; mais ces parodies cruelles n'en trouvent pas moins leurs tréteaux et leur foule. Le mépris, dès lors, ne suffit point contre ces délations. Il faudrait que la vérité répondît toujours au mensonge, parole contre parole; qu'aucun fait odieusement dénaturé ne pût se reproduire dans la presse sans être aussitôt rétabli dans sa sincérité. »

Quels seront les sentiments de douleur et d'indignation de ces malheureux Français lorsqu'ils apprendront que la tribune du parlement s'est rendue l'écho de ces misérables accusations, et qu'une triple sentence est venue sanctionner ces calomnies.

Et pourtant que leurs juges, que leurs accusateurs même mettent la main sur la conscience, et qu'ils disent si ces populations méritent ces flétrissures!

A quoi peut servir aujourd'hui la justification? Les cent mille voix de la presse ont déjà rempli la France et le monde entier de l'outrage. Que peuvent quelques écrits obscurs, qui ne seront même peut-être pas lus par ceux à qui ils s'adressent?

Il n'en est pas moins de notre devoir de faire entendre la vérité; peut-être rencontrera-t-elle au sein du parlement quelque âme généreuse et indépendante qui ne laissera pas consommer sans protestation l'iniquité que porte en lui le projet présenté par le ministre intérimaire de la marine.

Une protestation signée des colons français résidant à Paris, et distribuée aux membres des deux Chambres, a réduit à leur juste valeur les attaques de la tribune; elle nous a dispensé ainsi d'entrer dans de tristes détails. Nous aurons peu de chose à ajouter.

Nous ne répondrons pas aux injures par des récriminations. Si on voulait soulever l'appareil qui couvre nos plaies sociales, nous doutons que la France coloniale eût à envier l'état moral de la France métropolitaine dans la supputation du nombre et surtout de la nature des crimes commis dans les deux pays. Mais à quoi bon ces hideuses nomenclatures? Ne sommes-nous pas la même famille? ne devons-nous pas en gémir également, sans nous accuser mutuellement?

Une réflexion bien simple, et pourtant bien frappante, aurait dû, ce me semble, venir à l'esprit de tous.

De toutes les inculpations parties de la tribune, aucune n'a atteint la Guadeloupe, ni Bourbon, ni la Guyane : toutes se sont concentrées sur la Martinique. Ces accusations sont presque toutes entièrement fausses; le reste est exagéré, et, en tous cas, remonte à une époque antérieure à la loi de 1845. Comment ne s'est-on pas immédiatement aperçu que c'était une énormité d'abord de rendre tous les habitants de la Martinique responsables des faits de quelques uns, mais surtout de les faire retomber sur les autres colonies, et enfin de s'en faire une preuve pour l'inexécution de la loi de 1845.

Mais l'injuste accusation portée contre quelques colons n'est rien, à nos yeux, à côté de l'accusation bien autrement grave portée contre la justice coloniale. Heureusement les faits et les statistiques sont là pour leur donner un démenti. Le gouvernement déclare, d'ailleurs, que les exemples de condamnation ont assez de gravité pour qu'on ne doive pas se hâter de changer la récente combinaison des Cours d'assises.

Cependant nos accusateurs voudraient des condamnations plus nombreuses et plus graves. Singuliers philanthropes, à qui il faut des condamnations à tout prix pour satisfaire leurs sentiments d'humanité ! Mais jetez donc les yeux autour de vous, vous aurez bien plus à gémir, si vous le voulez, en comptant jusqu'à des parricides arrachés à la mort par l'application des circonstances atténuantes et même par l'acquittement; et cessez d'outrager vos frères d'outre-mer, car les Cours d'assises des colonies ne méritent pas plus votre indignation que les Cours d'assises de la métropole.

D'ailleurs l'acquittement qui a le plus soulevé vos esprits est antérieur à la loi de 1845; il est le fait d'une Cour d'assises dont la composition a été modifiée par cette loi. Dès lors, en admettant même que cette Cour ait usé d'une indulgence coupable, il y a une aussi grande injustice à en faire tomber le blâme sur les nouvelles Cours qu'à en rendre solidaires toutes les colonies.

Rien dans les faits ne vient justifier le changement présenté à la Chambre par le ministre intérimaire de la marine. Que s'est-il passé de grave et de nouveau depuis le mois de mars, où le ministre déclarait, dans son rapport au roi, que rien ne nécessitait cette modification ? Est-il venu des colonies un seul fait, un fait nouveau, qui puisse justifier cette nouvelle atteinte au droit commun et la monstrueuse exception qu'on veut infliger aux colons? Non. Le seul fait survenu, et il n'est pas nouveau, c'est que les colons ont été calomniés à la tribune de la Chambre des députés, qu'ils n'étaient pas là pour se défendre, et qu'ils ont été abandonnés par le pouvoir chargé de les protéger.

Et c'est ce même pouvoir qui vient aujourd'hui, par son projet de loi, et surtout par un exposé des motifs plus outrageants que tout ce qui s'est dit à la tribune, donner une sanction à toutes ces calomnies !

Qu'une assemblée se passionne, qu'elle cède à un entraînement aveugle, surtout quand elle se laisse égarer par un semblant de sentiments généreux, on le conçoit; mais que le pouvoir vienne de sang-froid, et après réflexion, infliger à toute une population une injure aussi grave qu'imméritée !....

Si les colons n'étaient pas mus d'une profonde indignation, s'ils supportaient un pareil outrage sans protester de toutes leurs forces et avec toute l'énergie que donne au faible l'injustice et l'oppression, ils seraient dignes de cette flétrissure.

L'accès de la tribune leur est interdit; que la presse du moins, seul refuge des intérêts qui ne sont pas représentés, fasse connaître leur indignation et leur protestation. Ce devoir oblige plus particulièrement un délégué : c'est à ce titre que nous venons l'accomplir.

Nous connaissons du reste le secret du drame qui se joue ici : pourquoi ne pas donner satisfaction à des passions qu'on a peut-être soi-même soulevées? pourquoi ne pas faire acte de progrès et de force quand on peut le faire à bon marché, quand il ne s'agit que d'opprimer de pauvres citoyens qui sont désarmés de tout moyen de nuire?

Ah! s'ils avaient un peu de pouvoir! s'ils avaient seulement quelques boules à mettre dans l'urne! Mais ils sont sans défense aucune. Ce n'est pas le *Væ victis* qu'il fallait faire entendre à la tribune (car nous n'avons jamais été vaincus par vous, nous sommes le même peuple, et nous étions Français avant plus d'un député qui nous attaque), il eût été plus exact de nous infliger un *Væ miseris.*

Nous sommes effectivement si faibles et si misérables, que nous ne valons même pas la peine d'être corrompus. Aussi n'est-ce pas l'abus des influences qu'on nous applique, mais l'abus de la force, l'abus du pouvoir, et, ce qui est encore plus odieux, l'injure et la flétrissure.

Mais vous avez beau faire, monsieur le ministre, nous ne nous sentons pas flétris. Nous sommes flétris à la façon de l'agneau de la fable. Encore le loup lui permit-il un innocent dialogue, et puis il le mangea sans autre forme de procès. Quant à nous, nous serons mangés sans même cette forme de procès. Traduits à la barre de la Chambre des députés, nous serons jugés sans être entendus; le pouvoir fera les fonctions d'accusateur public, et l'accusé sera condamné.

On se tromperait beaucoup si on pensait que notre opposition au projet de loi est inspirée par le regret de voir enlever aux colons le droit de juger certains crimes. Nous ne tenons nullement à ce droit; et si dans le principe on eût établi cette distinction, quoique mis ainsi en état de suspicion, nous nous en serions peut-être applaudis; on aurait du moins écarté de la tête des colons l'odieux des condamnations et des acquittements. Mais venir changer la juridiction après une application de quelques mois, ce n'est plus du soupçon, c'est un outrage, et c'est cet outrage que nous repoussons.

Quant à nous, comme l'outrage est tout gratuit, qu'il ne se justifie que par des calomnies et par une phrase de l'exposé des motifs aussi injuste qu'injurieuse, nous ferions bon marché d'un droit dont l'exercice nous expose aux attaques incessantes d'une odieuse malveillance. Mais ce que nous repoussons de tous nos efforts, c'est la juridiction exceptionnelle à laquelle le projet de loi veut nous condamner.

En nous privant des garanties du jury, vous nous jetez en dehors du droit commun. Cette exception est déjà une énormité; mais du moins arrêtez-vous dans cette marche rétrograde. Si vous nous enlevez le droit d'être jugés par nos pairs, comme le sont tous les citoyens français, que du moins notre honneur et nos fortunes ne soient pas livrés à un tribunal d'exception, que nous soyons jugés par de véritables magistrats!

Nous ne pouvons pas donner ce nom aux juges que le projet de loi veut nous imposer en remplacement du jury. Ceux qu'on appelle faussement des magistrats ne sont en réalité que de simples fonctionnaires; car ce qui donne au magistrat le caractère d'indépendance, qui est la seule ou du moins la plus grande garantie des justiciables, c'est l'inamovibilité. Or les juges des colonies peuvent être révoqués et destitués au gré du caprice ministériel, et le tribunal qui, d'après le projet de loi, aurait entre ses mains l'honneur, la fortune, la vie des colons, ne serait réellement qu'une commission administrative.

Soumettre tout ce que nous avons de plus cher au jugement d'hommes dont la décision peut être punie ou récompensée selon qu'elle plaira ou déplaira au pouvoir, c'est nous ramener au temps des cours prévotales (souvenir encore récent), ou au temps des Laubardemont. J'espère que les Chambres ne voudront pas nous faire reculer jusque là.

Une chose seule doit étonner, c'est qu'en l'an 1847 le

gouvernement ait pu concevoir une telle pensée, qu'il ait osé la proposer au parlement.

Faites juger les esclaves par tels juges qu'il vous plaira, donnez à vos frères noirs toutes les garanties possibles, nous y applaudirons; mais souvenez-vous aussi que les blancs sont nos frères, ne les sacrifiez pas, ne les livrez pas en pâture aux passions ou aux colères du pouvoir.

Quelle indignation ne serait pas la vôtre à la seule pensée qu'on voudrait soumettre votre honneur et votre vie, l'honneur et la vie de vos familles au jugement de commissaires ministériels! si le ministre qui vous propose des cours prévotales pour les colons venait vous les proposer pour la métropole! Songez que l'honneur et la vie des colons leur sont aussi chers qu'à vous. Si vous ne craignez pas que le pouvoir, aussi ennemi peut-être de vos jurys qu'il l'est de celui des colonies, vous impose un pareil tribunal parce que vous êtes forts, ne le laissez pas imposer aux colons parce qu'ils sont faibles.

Dans ces pays lointains, où les passions s'irritent et s'exaltent au contact d'un climat brûlant, on ne saurait entourer la justice, et surtout la justice criminelle, de trop de garanties. Donnez-lui donc celle qui fait l'indépendance et qui rend les arrêts respectables aux yeux de tous, l'inamovibilité!

Quelle serait d'ailleurs la force morale d'un tribunal composé de fonctionnaires toujours suspects de complaisance envers le pouvoir? Il pourrait infliger des peines, des amendes, la prison, et le dernier supplice peut-être, et ses sentences seraient exécutées à l'aide de la force publique; mais le déshonneur qui s'attache à une condamnation, mais l'infamie et la flétrissure qui accompagnent certains arrêts, et qui sont souvent un frein plus puissant, un châtiment plus fort que la peine elle-même, disparaîtraient entièrement. Un pareil tribunal ne serait plus aux yeux de l'opinion que l'instrument des hautes et basses œuvres ministérielles: les condamnés ne seraient plus que des victimes.

De grâce n'établissez pas dans un pays français une pareille œuvre d'iniquité et de démoralisation ; ce serait mal commencer l'œuvre de civilisation qu'on veut y accomplir.

Ce qui a fait le plus de mal aux colonies, c'est l'exception et l'isolement auxquels les a condamnées la métropole. Si elles avaient pu se faire associer à la vie politique et gouvernementale de la France, on se serait accoutumé à regarder les colons comme des frères; ils auraient pu se faire connaître, et ils ne se trouveraient pas aujourd'hui comme des étrangers au milieu de la grande famille. Il n'est pas d'accusation, si absurde qu'elle fût, dont cet isolement et cette espèce d'extranéité ne les ait rendus l'objet.

Ainsi la métropole a cru qu'il était de son intérêt d'imposer aux colonies le monopole de ses marchandises et de sa navigation, de les obliger à porter tous leurs produits en France exclusivement, et par navires français. Quel thème de longues accusations contre les colons et contre ce qu'on appelait le privilége colonial, et qu'on aurait dû appeler le privilége métropolitain ! Un jour les colons se ravisant, et fatigués de ces injustes et incessantes déclamations, déclarent officiellement que ces prétendus bienfaits, que ce privilége leur pèsent; et que, pour peu que cela convînt à la métropole, ils étaient prêts à accepter la liberté commerciale dans toute sa plénitude, le droit d'exporter et de s'approvisionner dans tout pays et par tout pavillon. Le préjugé était tellement établi, qu'on ne crut pas d'abord à leur sincérité; force fut cependant de se rendre à l'évidence. On ne leur accorda pourtant pas ce qu'ils demandaient; l'on a fini seulement par établir une égalité illusoire de taxes entre leur sucre et le sucre indigène, et ils continuent, sans se plaindre, à être exploités par la métropole; il est vrai de dire qu'on ne leur en fait plus un crime, c'est un progrès.

Combien de fois encore a-t-on reproché aux colonies de résister au droit commun et de repousser l'établissement de la saisie immobilière ! Depuis dix ans le conseil colonial de la Guadeloupe a déclaré que la colonie était prête à recevoir cette loi. En 1839 le conseil des délégués a fait la même déclaration. Si la loi est encore à l'état de projet à la Chambre des pairs, est-ce la faute des colons ?

Enfin le crime irrémissible des colons, celui qui les met au ban de l'opinion et presque hors la loi, c'est le crime de l'esclavage. Mais encore ici où est le coupable, s'il y a un coupable ? N'est-ce pas la métropole qui a décrété, provoqué, encouragé par des primes le trafic des esclaves ? N'est-ce pas elle qui les a vendus, qui en a encaissé les bénéfices, qui a institué et réglé par des lois l'esclavage, qu'on nous reproche tant ?

Nous commençons d'abord par déclarer que cet esclavage, qui d'ailleurs n'existe plus que de nom, et dont on fait un crime aux colons qui en sont bien innocents, les colons n'y tiennent pas plus que vous. Donnez-leur un juste dédommagement, donnez-leur des règlements qui leur assurent le travail, et ils vous béniront.

Bon nombre de colons résidant à Paris, le cœur ulcéré, et indignés des calomnies que l'esclavage appelle sur eux, ont adressé des pétitions aux deux Chambres pour demander à ne pas être tués à petit feu, et qu'on règle cette grande question par l'adoption d'un système général appliqué simultanément à toute la population. Mais les colons demandent en même temps à être appelés au sein des Chambres, à en faire partie en leur qualité de citoyens français, à pouvoir s'y défendre, à discuter et régler avec vous les conditions de la transformation sociale.

Les délégués de la Guadeloupe ont encouragé leurs compatriotes dans cette démarche, et ils ont engagé avec instance leur conseil colonial à entrer dans la même voie ; ils déclarent eux-mêmes à leurs commettants que l'institution des délégués doit prendre fin, en leur faisant connaître leur impuissance à faire le bien qu'on était peut-être en droit d'en attendre.

Cette impuissance a pour première cause le peu d'action

que leur donne la loi sur les affaires de leur pays ; elle est causée aussi par le mauvais vouloir qu'ils ont rencontré, et peut-être un jour devront-ils dénoncer à l'opinion la nature des obstacles qu'ils rencontrent dans l'accomplissement du mandat qu'ils tiennent d'une loi votée par les trois pouvoirs du royaume.

Je ne sais pas quel accueil attend les pétitions des colons; mais, quel que soit cet accueil, leur démarche soit désarmer leurs adversaires de bonne foi. Que le vœu des colonies s'accomplisse, et, sauf quelques différences nécessitées par des besoins locaux, rien ne devra plus s'opposer à l'assimilation de ces pays avec la métropole.

Aussi, loin de faire un pas rétrograde, comme le veut le projet de loi, on devrait plutôt se rapprocher du droit commun, que les colons vous demandent aujourd'hui avec instance.

En nous résumant, nous demanderons qu'au lieu de l'espèce de jury bâtard institué aux colonies, on leur donne un véritable jury, le jury de la métropole. Qu'on abaisse le cens autant qu'on le jugera convenable, avec telles adjonctions qu'on voudra pour rencontrer toutes les garanties désirables, nous n'y ferons pas obstacle.

Cette demande, nous la faisons sans espoir de succès, dans l'état d'esprit où se trouvent le gouvernement et les chambres. Mais nous la faisons, et nous en prenons acte, pour qu'il soit bien constaté que, si on s'éloigne du droit commun, si on se jette dans le régime exceptionnel, c'est contre le vœu et la demande des colons, et pour que la responsabilité en retombe sur qui de droit.

Subsidiairement, nous demandons que, si, conformément au projet de loi, on détruit les cours d'assises, si on fait disparaître le faible gage de justice que laissait aux colons la présence de trois assesseurs, si on livre ainsi les colonies à des tribunaux exceptionnels, du moins ces tribunaux soient entièrement composés de juges inamovibles.

Cette demande, nous l'adressons avec confiance aux Chambres; elles se montreront, nous l'espérons, assez soucieuses de l'honneur, de la fortune, de la vie de leurs concitoyens, pour ne pas les livrer à des tribunaux de fonctionnaires ou de commissaires ministériels.

Ce sera beaucoup, ce sera trop que de les priver des garanties que donne à tous les citoyens le droit d'être jugés par leurs pairs, mais que du moins toutes les autres garanties ne leur soient pas enlevées.

Lorsque la Corse était privée du bienfait du jury, était-elle jugée par des commissaires, n'avait-elle pas la garantie d'une magistrature inamovible? Voudriez-vous traiter les Français des colonies plus mal que les Français de la Corse?

Qu'on compose ces tribunaux de magistrats européens, qu'on les choisisse dans l'opinion la plus avancée, peu nous importe; mais qu'ils soient revêtus du caractère inviolable de l'inamovibilité, c'est tout ce que nous demandons.

Nous refuser cette justice serait à nos yeux un acte révoltant d'oppression. Et cependant, faut-il le dire, nous ne sommes pas rassurés.

JABRUN,
Délégué de la Guadeloupe.

Imprimerie de GUIRAUDET et JOUAUST, rue Saint-Honoré, 315.